REPRESENTANTES & EMPRESAS

UMA PARCERIA DE SUCESSO

Capa e Projeto gráfico
Genildo Santana

Ilustrações
Arionauro da Silva Santos

Revisão
Cláudia Cantarin
Maria Luiza Favret

Dados Internacionais de Catalogação na Publicação (CIP)
(Câmara Brasileira do Livro, SP, Brasil)

Frazão, César
Representantes e empresas,
uma parceria de sucesso / César Frazão. --
São Paulo: Editora Landscape, 2007.

ISBN: 975-85-7775-055-9

1. Contratos 2. Negócios 3. Representantes
comerciais 4. Representantes comerciais – Brasil
5. Vendas I. Título.

07-7232 CDD-380.1092

Índice para catálogo sistemático:
1. Representantes comerciais : Comércio 380.1092

2007

Editora Landscape
Rua Ministro Nelson Hungria, 239 – cj. 10
Fone/ Fax: (11) 3758-4422
atendimento@editoralandscape.com.br
www.editoralandscape.com.br

César Frazão

REPRESENTANTES & EMPRESAS

UMA PARCERIA DE SUCESSO

landscape

SUMÁRIO

CAPÍTULO 10

BÔNUS

VISÃO GERAL SOBRE REPRESENTAÇÃO COMERCIAL

A representação nada mais é do que a terceirização da força de vendas.

O representante é uma importante força de vendas, a quem cabe não fazer vendas, e sim apresentá-las à empresa contratante (representada). Isso significa que o representante é um parceiro estratégico da empresa que é cada vez mais procurado, devido ao alto custo para registrar um vendedor de acordo com a Consolidação das Leis do Trabalho (CLT).

Essa onda de empresas trocando suas forças de vendas tradicionais (CLT) por representantes comerciais (terceirização) gera muitas dúvidas e confusões, a maioria delas por se tratar de um assunto ainda novo. E a conseqüência desses desentendimentos resulta muitas vezes em prejuízos decorrentes de inúmeras ações trabalhistas.

Há alguns anos, a cada dez empresas que me contratavam para dar treinamento de vendas, sete tinham vendedores registrados. Hoje o cenário se inverteu, ou seja, sete empresas trabalham com representações e três contam com vendedores fixos, fato que me motivou a escrever este livro, visando tornar a relação entre EMPRESA e REPRESENTANTE mais transparente, calma e produtiva.

É preciso entender que não se trata de um jogo em que há um ganhador e um perdedor, ou de um braço-de-ferro para ver quem pode mais. Está na hora de começar a pensar como um *time* unido, com um objetivo comum que é a vitória, isto é, a venda!

Neste livro aponto as conseqüências trabalhistas que a empresa pode sofrer por causa da má gestão do representante comercial, mostro como prevenir ações na justiça e como rescindir um contrato, quais são os direitos do representante comercial e as dúvidas mais comuns no dia-a-dia, entre outros trópicos.

Enfim, pretendo mostrar como estabelecer uma relação transparente entre representante e representada, além de fornecer dicas de treinamento à distância, visando sempre à melhor gestão em vendas.

São grandes os desafios enfrentados hoje por empresas para vencer a concorrência, e o desconhecimento dessa forma de gestão de vendas pode custar muito caro.

A representação comercial é uma *relação de trabalho*, isto é, um agenciamento entre empresa e comprador. Já o funcionário ocupa um cargo na companhia e isso constitui uma *relação de emprego*. A principal diferença entre a relação de trabalho e a relação de emprego é que, na primeira, prevalece a *autonomia* e, na segunda, a *subordinação*.

É muito importante entender esse conceito antes de começarmos. Ele é o alicerce para o bom relacionamento entre empresa e representante e começa a delinear os deveres e direitos de cada uma das partes.

CONTRATO DE TRABALHO	CONTRATO DE EMPREGO
Relação de trabalho ➡ Autonomia	Relação de emprego ➡ Subordinação

ALGUMAS DEFINIÇÕES IMPORTANTES

a) **Representante comercial**. Pessoa física ou jurídica, sem *relação de emprego*, que desempenha, em caráter não eventual, a *mediação*. Contratado para encontrar compradores para os produtos do proponente, agenciar propostas ou pedidos e transmiti-los aos representados, praticando ou não atos relacionados à execução do negócio.

b) **Representada**. Companhia que contrata representantes comerciais para as relações de compra e venda dos produtos agenciados.

c) **Empregado**. Toda pessoa física que presta serviço de natureza não eventual ao empregador, sob as dependências deste e mediante salário.

d) **Empregador**. A empresa que, assumindo os riscos da atividade econômica, admite, assalaria e dirige a prestação pessoal de serviços.

No quadro abaixo, é apresentada a diferença no custo ao se contratar um representante e um vendedor.

CUSTOS EM FUNÇÃO DA ATIVIDADE PRESTADA	
Representante comercial *Segundo a Lei 4886/65*	Vendedor *Segundo a CLT*
• Comissões • Aviso prévio • Indenização 1/12 ou 1/20	• Salário fixo • Comissões • 13° salário • FGTS + multa de 40% • Férias + 1/3 • Aviso prévio • Reembolso de despesas • Vales • Equiparação salarial • Dissídio da categoria

Isso explica por que as empresas estão migrando para o primeiro estilo de gestão.

AVISO IMPORTANTE

Legislação

SEMPRE QUE ABORDAMOS LEIS NESTE LIVRO ESTAREMOS NOS REFERINDO À
Lei nº 4.886, de 09 de dezembro de 1965, com as alterações introduzidas pela Lei nº 8.420, de 08 de maio de 1992 – DOU de 11.05.92 Regula as atividades dos representantes comerciais autônomos Decretada pelo Congresso Nacional

Boas vendas e sucesso!

I

ANTES DE CONTRATAR...

Como toda decisão empresarial, esta não poderia ser diferente. É preciso pensar cautelosamente e analisar os *fatos* para tomar a melhor decisão rumo ao topo. Ninguém que disser o que é melhor fazer terá 100% da razão. Você melhor do que ninguém conhece suas necessidades, limitações e ambições, portanto, cabe a você a decisão final sobre qual modelo de vendas adotar e, para tomá-la, quanto mais informação tiver, melhor!

Atenção! Guarde bem o que vou dizer agora: o lucro de uma empresa começa com a contratação certa. Quem contrata representantes ou vendedores de maneira amadora e equivocada perderá duas vezes mais. As vendas não irão funcionar e uma nova contratação será necessária, levando à perda de tempo e dinheiro.

1. QUAL A MELHOR OPÇÃO: VENDEDORES OU REPRESENTANTES?

Em quase todas as palestras ouço essa pergunta, e minha resposta é sempre: "Depende!".

Ainda que as vantagens financeiras de contratar um representante comercial sejam maiores em comparação com a contratação de um vendedor em regime CLT, não existe um modelo melhor ou pior. Cada empresa possui suas particularidades, objetivos e cultura organizacional, próprios e únicos, que devem ser levados em consideração na escolha.

O que tenho visto é que empresas descentralizadas, com métodos e processos de vendas modernos e abertos, em geral têm se dado bem com as vendas efetuadas por representantes de vendas.

Estude, planeje, consulte opiniões e modelos de negócios e realize testes para verificar qual se adapta melhor à sua empresa, evitando assim copiar modelos prontos. Porque nem sempre o que dá certo em uma empresa vai servir para a sua, e vice-versa.

Tenho como clientes duas empresas que são concorrentes nacionais e atuam em um mercado altamente competitivo. Uma delas trabalha só com vendedores registrados e a outra, só com representantes. E ambas estão satisfeitas e são lucrativas!

Há ainda a possibilidade de ter os dois. Um cliente meu, sediado em São Paulo, atua em sua cidade com vendedores próprios e registrados e em outras cidades e estados por intermédio de representantes. Também está bastante satisfeito com as vendas!

2. VANTAGENS E DESVANTAGENS EM TRABALHAR COM UM REPRESENTANTE

GESTÃO POR REPRESENTAÇÃO COMERCIAL	
Vantagens	**Desvantagens**
• Redução de custos trabalhistas em relação ao vendedor em regime CLT • Facilidade de expansão com vendas em outros estados • Aumento da força de vendas praticamente sem custo adicional	• O nível de controle jamais será o mesmo que o controle exercido sobre um vendedor em regime CLT • Dificuldade em treinamento e motivação devido à distância e à falta de obrigatoriedade

Enfim, não existe certo ou errado. "A cada escolha uma renúncia", esta é a vida.

No mercado, as empresas tendem a migrar do modelo do vendedor registrado CLT para o de representantes autônomos. Há alguns anos, de cada dez empresas em que eu dava palestras sobre vendas, sete tinham vendedores registrados e apenas três tinham representantes. Hoje o quadro se inverteu: sete têm representantes e só três mantiveram vendedores registrados.

Com certeza, a legislação trabalhista obsoleta que mantém resíduos do século passado não entrou para a era da globalização e contribui para esse abandono. Infelizmente, os impostos que são pagos para se manter um vendedor registrado hoje em dia no Brasil são imorais, para não dizer outra coisa.

Por isso, o exercício de menor poder de controle sobre a figura do representante tem sido a maneira encontrada por muitos empresários para fazer suas empresas crescerem com a multiplicação de suas vendas por estados de todo o Brasil.

3. TESTE RÁPIDO PARA AJUDAR NA DECISÃO

1. Seu produto tem mercado em todo o Brasil?
2. Neste exato momento alguém poderia estar comprando seu produto em outra cidade, se houvesse um representante para oferecê-lo?
3. Sua empresa e você estão dispostos a dedicar tempo e dinheiro na criação de uma estrutura para administrar representantes?
4. Sua empresa consegue trabalhar com um sistema de baixa pressão e cobrança sobre as vendas?
5. Existe uma pessoa disponível para selecionar e contratar de maneira profissional os representantes?
6. Em caso de aumento de vendas, você está preparado para atender a novos clientes com qualidade?

As respostas a estas perguntas o ajudarão a refletir sobre o método de vendas por meio da atuação de representantes comerciais.

4. PODE-SE DEMITIR UM VENDEDOR REGISTRADO E CONTRATÁ-LO COMO REPRESENTANTE?

Isso acontece freqüentemente nas empresas, com a intenção de diminuir custos com encargos trabalhistas.

A empresa pode, *sim*, demitir um vendedor e contratá-lo novamente como representante, desde que respeitado o prazo *mínimo* de seis meses, estipulado por lei.

5. SETE AÇÕES QUE O REPRESENTANTE DEVE PRATICAR PARA CARACTERIZAR A REPRESENTAÇÃO COMERCIAL

1. Exercer uma atividade econômica organizada.
2. Ter empregados (não obrigatório).
3. Assumir os riscos da sua atividade.
4. Obrigatoriamente, filiar-se ao Core/Corcesp (Conselho Regional dos Representantes Comerciais).
5. Inscrever-se na Previdência como autônomo.
6. Pagar os impostos oriundos de sua atividade.
7. Firmar um contrato de representação com a representada.

6. TRÊS AÇÕES QUE A EMPRESA REPRESENTADA DEVE PRATICAR PARA CARACTERIZAR A REPRESENTAÇÃO COMERCIAL

1. Firmar um contrato de representação comercial bem elaborado.
2. Exigir o registro junto ao Core/Corcesp, bem como sua renovação anual.
3. Não impor horários de trabalho e obrigações que são comuns aos vendedores com registro em carteira.

2

COMO SELECIONAR REPRESENTANTES

A representação comercial é boa para ambos os lados quando é bem-feita. Isso é indiscutível!

O Brasil é um país muito grande, maior que muitos países juntos, o que faz dele um mar de oportunidades e riquezas. Pense no tamanho do país, em seus estados mais distantes, e se pergunte:

Será que, neste exato momento, não tem alguém que vive num lugar remoto querendo comprar meu produto?

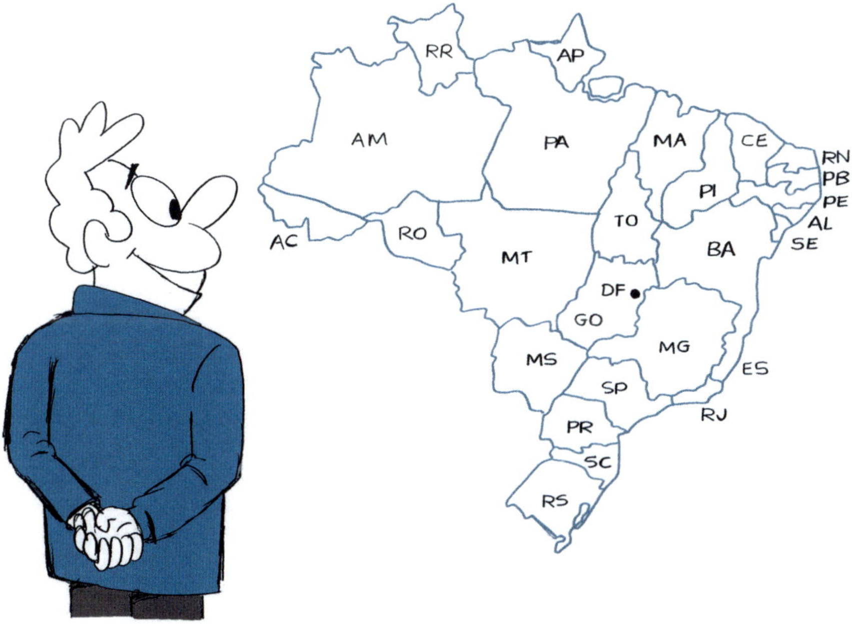

Aí surge outro problema... Como contratar representantes em outros estados ou cidades?

Pensando nisso, e com base em casos de sucesso vividos por meus clientes, elaborei várias dicas que o ajudarão na contratação do seu representante de vendas.

1. ONDE ENCONTRAR BONS REPRESENTANTES DE VENDAS?

1. **Internet.** Em sites de recolocação, em sites de representantes e representações de vendas, em seu próprio site, em anúncios na Internet etc. A tecnologia é o melhor meio de conseguir contatos, praticamente sem custos. Com a Internet você pode estar presente no mundo inteiro sem sair do lugar. Pense nisso!

2. **Anúncios em jornais locais.** Antes de sair atrás de representantes, você, que deseja contratar, deve fazer antes um anúncio. Falaremos disso com mais detalhes no item 2 deste capítulo.

3. **Fora do ambiente comercial.** Faça-se conhecido no dia-a-dia, entre amigos, parentes, clientes, vizinhos, eventos sociais etc. Nunca se sabe quando você ou alguém do seu círculo de amizade conhecerá algum bom "vendedor" que se mostrará disposto a representar o seu produto em busca de novas oportunidades.

4. **Banco de dados.** São listas segmentadas com contatos de empresas ou pessoas que podem trabalhar para você. Hoje em dia existem muitas empresas especializadas que podem oferecer excelentes opções de bancos de dados.

5. **Feiras do setor.** Esta é uma das mais tradicionais e eficientes formas de conseguir novos representantes comerciais. Quando participa de uma feira representativa em seu setor, mais do que simplesmente fechar negócios, inúmeras portas podem se abrir se você estiver focado em atrair novos representantes. O investimento algumas vezes não é baixo, mas o ganho no médio prazo compensa!

2. COMO FAZER UM ANÚNCIO QUE ATRAIA OS MELHORES?

Quem gostaria de ter os piores representantes na sua força de vendas? Ninguém! Mas na prática é isso que vejo empresas fazerem todos os dias ao ignorar as dicas a seguir:

1. A estrela principal do anúncio deve ser a manchete ou o título. Termine sempre com uma exclamação (!), interrogação (?) ou reticências (...), o que levará o candidato a buscar uma resposta e, com isso, a ler o anúncio.

2. Só uma coisa é mais importante que a empresa: o benefício que ela prestará ao representante. Capriche, pois é preciso atrair o peixe grande com iscas grandes.

3. O anúncio deve agradar ao representante. Precisa criar nele o desejo de trabalhar para a sua empresa.

4. Quanto mais você entupir um anúncio com pormenores inúteis, menos interessará ao leitor e ao campeão de vendas.

5. Antes de publicar o anúncio, leia-o e responda: se você fosse um ótimo representante, um campeão de vendas, mandaria o currículo para a empresa? Se a resposta for "não" ou "talvez", não publique, refaça o anúncio.

6. Se for necessário o representante possuir várias habilidades, faça a seleção pelos currículos recebidos, ou por entrevistas por telefone ou mesmo individuais. Não detalhe as habilidades no anúncio, e sim na entrevista. Lembre-se: com mais espaço, você diz mais, vende mais e promove mais a empresa. O objetivo do anúncio não é selecionar candidatos, e sim formar uma massa de currículos. Quanto mais opções, maiores as chances de escolher bem.

7. A força de um anúncio está no tamanho e na criatividade. Bons representantes dificilmente respondem a anúncios pequenos. Tenha certeza disto: um bom representante contatado paga o anúncio no primeiro mês de vendas.

8. Ninguém compra um jornal ou uma revista só para ler o seu anúncio. Mas um anúncio inteligente é lido antes de qualquer outra coisa. Use uma imagem que chame a atenção. Se necessário, peça ajuda a um profissional da área.

9. Lembre-se, águias não comem moscas. Se quiser atrair bons representantes de verdade, terá de investir em anúncios maiores e vistosos. Se for para fazer mal-feito, melhor não fazer, porque quem anuncia pequeno paga duas vezes mais caro, primeiro porque o anúncio não funciona, segundo porque vai ter de anunciar de novo.

DOIS ERROS COMUNS NA ELABORAÇÃO DE ANÚNCIOS

- **Fazer anúncio pequeno.**
- **A empresa colocar só o que quer do candidato e não o que oferece.**

3. COMO FAZER O RECRUTAMENTO E A SELEÇÃO EM OUTROS ESTADOS?

Após o recebimento e a seleção dos currículos, faça uma entrevista por telefone. Com isso você eliminará boa parte dos candidatos que não possuem o perfil ideal para sua empresa.

Uma simples conversa de cinco minutos ao telefone pode revelar ao ouvido atento muitas informações a respeito do candidato – sobre sua cultura, disposição, experiência etc.

1. Se os candidatos forem de outra cidade, sairá mais barato o responsável pelo recrutamento ir até o local com ao menos dez entrevistas marcadas antecipadamente. O próprio hotel em que estiver hospedado poderá ser utilizado para as reuniões, em uma de suas salas, no seu apartamento, ou até mesmo no lobby. Eu mesmo já entrevistei candidatos a representantes sentado no sofá da recepção, sem nenhum custo adicional.

Se dessas entrevistas um candidato for selecionado, a viagem já se pagou e em um dia o trabalho foi feito.

2. Hoje as passagens aéreas estão mais acessíveis, diferentemente de alguns anos atrás, quando viajar de avião saía muito caro, era um privilégio para poucos. Quebre os paradigmas e barreiras mentais e considere isso em suas contratações, pois um bom representante contratado em um dia de vendas já paga todas as suas despesas com sobra.

3. Outra ação importante é ter em mãos as "ferramentas" necessárias para conduzir uma entrevista profissionalmente. Muitos representantes desistem da oportunidade porque o entrevistador passa uma imagem amadora e de pouca credibilidade. Prepare-se e leve catálogos, depoimentos, pesquisas, amostras, enfim, tudo o que puder ajudar a convencer o BOM representante a querer trabalhar para você.

4. Antes de entrevistar um candidato, faça um *checklist*, contendo, por exemplo, os seguintes itens:

1. Contrato de representação em três vias
(uma para o representante e duas para a empresa).
2. Fôlderes.
3. Catálogos.
4. Tabela de preços.
5. Mostruário.
6. Pesquisas de satisfação.

7. Dados sobre o mercado.
8. Depoimentos.
9. Outros.

4. UM EXÉRCITO DE LEÕES OU DE OVELHAS?

OBSERVAÇÃO

O recrutamento deve ser eficiente e rigoroso, para que as pessoas contratadas possuam o perfil desejado. ***O lucro na empresa começa com a contratação certa!***

A resposta parece óbvia. O problema é que a maioria das empresas quer formar exército de leões, mas faz uso de estratégias que atraem no máximo ovelhas desgarradas.

Pense grande, acredite, invista e vá à luta! É melhor ter um representante bom do que quatro cabeças-de-bagre, que só darão trabalho e reclamarão o tempo todo do mercado em crise...

3

SETE PRINCIPAIS DÚVIDAS SOBRE O CONTRATO

1. O REPRESENTANTE PRECISA TER ALGUM TIPO DE REGISTRO?

Sim, no **Corcesp** (Conselho Regional dos Representantes Comerciais). Trata-se do órgão regulamentador da profissão, e o registro deve ser renovado anualmente.

Recomenda-se colocar no contrato uma cláusula como esta: "Se o registro não for renovado anualmente, haverá suspensão do pagamento até a regularização". Infelizmente, muitos representantes são amadores, e a única forma de exigir isso é mexendo no bolso deles.

O site do órgão é www.corcesp.org.br.

2. COMO DEVE SER O CONTRATO DE REPRESENTAÇÃO COMERCIAL?

Em primeiro lugar, é óbvio que todos devem ter um contrato bem redigido para resguardar os direitos de ambas as partes. Mas, na prática, o que se vê por aí é o oposto, muitos nem contrato têm.

O contrato de representação comercial *só* se aplica no caso de venda de *produtos*. Quando a venda for de *serviços*, o contrato será de *agência*, com algumas particularidades. Aqui trataremos do contrato de representação comercial.

a) *Quem deve assinar?*
Ambas as partes e com registro em cartório.

b) *O que deve conter?*
Além dos termos-padrão de um contrato, especificações sobre os produtos a serem representados; prazo de início e de validade do contrato; formas de pagamento e a data para sua realização; valor da taxa de comissão; multa por atraso no pagamento do representante, e tudo o mais que as partes julgarem necessário para garantir os direitos e deveres dos envolvidos de acordo com a lei.

OBSERVAÇÃO

Recomenda-se a colocação, em contrato, de uma cláusula de exclusividade com o representante e a advertência de que, no caso de venda da empresa de representação comercial, a representação poderá ser automaticamente suspensa.

Isso é recomendável porque existem casos problemáticos, por exemplo, em que o representante se separa da esposa e da empresa, e o filho, que não tem o menor tino comercial, assume o negócio, obrigando a representada a cumprir o contrato.

3. O CONTRATO DEVE TER PRAZO DETERMINADO OU INDETERMINADO?

Os dois estão corretos.

a) **Prazo indeterminado.** É aquele que não tem limite para acabar. Para rescindi-lo é necessário um pré-aviso de três dias ou uma multa de 1/3 da comissão trimestral.
b) **Prazo determinado.** É aquele que tem uma data preestabelecida para acabar. Pode ser renovado, mas, ao fazê-lo, será *obrigatório* instituir prazo indeterminado.

Para rescindir um contrato com prazo determinado antes do tempo, paga-se uma multa equivalente a 50% dos meses que faltam para seu término. Por exemplo:

Se o contrato é de um ano e faltam seis meses para que expire, a multa será sobre os 50% do tempo que falta, ou seja, no nosso exemplo, será de três meses.

4. COMO REDIGIR UM CONTRATO SEGURO DE REPRESENTAÇÃO COMERCIAL?

Não há uma regra fixa, mas algumas dicas podem ajudar:

a) Detalhe as cláusulas o máximo que puder, evitando assumir que a outra parte já tem conhecimento delas. Especifique datas, prazos, condições, possíveis situações etc. Quanto mais minucioso for o contrato, menores serão as chances de surpresas desagradáveis com ações trabalhistas para a representada, ou problemas para o representante.

POR EXEMPLO
Se você citar que o pagamento será sobre o valor total da mercadoria, deixe claro que isso se dará após ter sido descontado o valor referente ao IPI (Imposto sobre Produtos Industrializados).

b) *Evite* usar palavras que denotam obrigatoriedade. Quando o assunto for treinamento, metas, reuniões, visitas a clientes etc., faça uma carta-convite para o representante, solicitando sua participação em um momento importante da empresa.

POR EXEMPLO	
Forma errada de citar	*Forma correta de citar*
"O representante terá de participar de todos os treinamentos de vendas..."	"O representante estará convidado a participar de todos os treinamentos de vendas..."

c) Contrate um especialista para elaborar o contrato para você. Não tente dar conta de uma tarefa que nada tem a ver com a sua rotina ou que nunca foi levada a cabo por você antes; sempre há a possibilidade de o trabalho não ser bem-feito.

Um contrato mal redigido hoje pode acarretar grandes prejuízos amanhã para a sua empresa. Eu já vi uma empresa fechar as portas por causa de indenizações que poderiam ter sido evitadas com um bom contrato.

d) Personalize o contrato, especificando que ele só terá validade se for cumprido pelo representante que você selecionou. Há casos nos quais as empresas são do tipo "ltda." ou em que o representante sai do negócio e a esposa ou outro sócio assumem. Com isso, a representada se vê obrigada a manter o contrato, mesmo que ele seja cumprido por outras pessoas.

Julgamos melhor não recomendar neste livro nenhum modelo básico ou padrão de contrato, para não influenciar o tipo de contrato. De todo modo, um bom contrato deve ser:

- personalizado;
- detalhado;
- feito por um bom advogado.

5. COMO AGIR EM CASO DE MUDANÇAS DE REGRAS EM FUNÇÃO DO MERCADO?

As políticas e regras previamente estabelecidas e acordadas devem ser respeitadas por ambos os lados visando ao bom andamento dos negócios.

Quando houver necessidade de mudanças e/ou alterações, elas deverão sempre ser feitas formalmente e por escrito, por e-mails ou AR (Aviso de Recebimento) dos Correios.

Nunca, jamais faça alterações contratuais apenas verbalmente – elas não terão valor jurídico algum em caso de problemas.

6. É OBRIGAÇÃO DA REPRESENTADA INFORMAR O REPRESENTANTE SOBRE MUDANÇAS NA LEGISLAÇÃO?

Não, de maneira alguma. É obrigação do representante; se ele quiser manter-se informado sobre as leis em sua região, deverá procurar informações nos canais competentes. A representada não tem responsabilidade alguma sobre isso, qualquer que seja o âmbito das leis (municipal, estadual ou federal).

7. O PREPOSTO PRECISA TER CONTRATO COM A REPRESENTADA?

Não, o preposto não trabalha para a representada, senão ele na verdade seria chamado de representante.

O que se recomenda é que tenha um contrato com o seu representante, para evitar que futuramente ele acione a representada com a alegação de que trabalhava diretamente para ela, sem contrato, na venda de um produto.

Já vi isso acontecer, e a jurisprudência deu ganho de causa ao "representante", obrigando a representada a pagar todos as decorrências legais.

4

COMO DEVE SER A RESCISÃO

1. COMO ROMPER UM CONTRATO DE REPRESENTAÇÃO COMERCIAL?

Geralmente, o momento em que se rompe um contrato não é agradável, um lado ou outro tende a sair magoado. Afinal, ninguém firma um contrato de representação com a intenção de desfazê-lo; se isso ocorre é porque algo não saiu como se esperava.

Deixe a razão falar mais alto que a emoção, mantenha a calma e conduza a negociação da melhor forma possível.

Este é o momento em que a empresa representada saberá se fez ou não um contrato bem-feito, que não dá margens a ações trabalhistas por parte do representante.

Meu conselho é: quanto melhor for o clima e mais cordial e amistosa for a rescisão, menor a probabilidade de problemas futuros.

2. OS DOIS TIPOS DE RESCISÃO

A rescisão pode se dar de duas formas:

a) **Rescisão injustificada:** é o rompimento do contrato pela empresa contratada, sem que o representante tenha dado motivo para isso.

b) **Rescisão por justa causa**: é o rompimento do contrato, tanto pelo representante como pela empresa contratante, quando uma das partes comete alguma falta considerada grave.

3. O QUE O REPRESENTANTE TEM DIREITO DE RECEBER

Na rescisão injustificada

A EMPRESA CONTRATANTE DEVERÁ PAGAR
• Aviso prévio de 30 dias ou pagamento de 1/3 das comissões recebidas nos últimos três meses. • Indenização de todos os rendimentos auferidos pelo representante durante o tempo em que exerceu a representação. A indenização será: • 1/12 para os contratos celebrados após 08/05/1992; • 1/20 para os contratos celebrados antes de 08/05/1992.

Na justa causa

Apenas as comissões das vendas feitas que estão em aberto.

4. OS SETE PRINCIPAIS MOTIVOS PARA A JUSTA CAUSA

PRINCIPAIS MOTIVOS PARA A JUSTA CAUSA	
Para o representado	*Para o representante*
• Se o representante não cumprir as obrigações constantes no contrato; • Se praticar atos que comprometam o nome do representado; • Se houver condenação por crime considerado infame.	• Redução do mercado do representante em desacordo com o contrato; • Quebra de exclusividade, se prevista em contrato; • Fixação abusiva de preços com o objetivo de impossibilitar as vendas; • Não-pagamento de comissões na época devida.

5. QUAL O PRAZO PARA O REPRESENTANTE RECORRER À JUSTIÇA APÓS A RESCISÃO?

Segundo o artigo 44, parágrafo único da Lei de Representação Comercial:

O representante tem até *cinco* anos a partir da data do fim do contrato para entrar na Justiça e reivindicar seus direitos.

6. EM CASO DE LITÍGIO ENTRE AS PARTES, ONDE DEVE SER AJUIZADA A AÇÃO?

Sempre no foro de domicílio do representante. Mesmo na hipótese de haver uma cláusula no contrato indicando outro foro, esta deverá ser desconsiderada, valendo a regra geral, porque a Justiça entende que sempre o representante é hipossuficiente (isto é, tem menos posses que a representada), razão pela qual não tem condições de negociar os termos do contrato adequadamente.

Subentende-se que o representante é mais fraco e menor do que a empresa representada, por isso há leis que o protegem. Se ele concordar em mudar, a lei entende que pode estar agindo sob pressão.

OBSERVAÇÃO

O representante sempre será considerado "hipossuficiente", mesmo se tiver condições financeiras melhores que as do representado.

5

SOBRE A ZONA DE REPRESENTAÇÃO

1. DEVE-SE PAGAR COMISSÃO QUANDO O CLIENTE NA REGIÃO DO REPRESENTANTE COMPRA DIRETO DA EMPRESA?

Sim, quando a compra é feita diretamente por intermédio da empresa representada (matriz, fábrica, filial etc.) que fica localizada *dentro* da região do representante. Ainda que sem o contato com o cliente, ele terá direito a receber comissões.

Embora muitos discordem, é o que a lei diz.

Imagine que um cliente ligue para o fabricante e faça um pedido sem consultar o representante. Na grande maioria dos casos, ele *terá direito* à comissão daquela venda, mesmo sem ter feito nada para que ela acontecesse.

Mas se tal situação for previamente acordada entre as partes e constar no contrato, isso poderá ser evitado.

2. PODE-SE ESTIPULAR UM PRAZO DE EXCLUSIVIDADE PARA O REPRESENTANTE EXPLORAR A REGIÃO?

Sim, mas *não* é recomendável. O representante provavelmente pensará que estão querendo usá-lo para abrir mercado e depois o descartarão; então, ou ele não fará um bom trabalho, ou a empresa contratante não conseguirá bons representantes.

Essa é uma dúvida freqüente e uma "jogada" comum. A contratante estipula um prazo – por exemplo, dois anos de exclusividade – e depois de o representante desenvolver vários clientes perde a exclusividade sobre eles.

Mas isso só acontece com representantes amadores, desatentos e inexperientes. Caso contrário, ele não aceita essa indicação.

No caso de não haver um plano definido em contrato, a exclusividade só poderá ser rompida mediante quebra de contrato ou alienação de contrato, conforme vimos no Capítulo 4.

3. É LEGALMENTE POSSÍVEL DIVIDIR A MESMA REGIÃO COM OUTROS REPRESENTANTES?

A região tem de ser preservada, de modo a também se preservar a condição de ganho do representante. É obrigação da representada cuidar, conservar e administrar as regiões.

Só que isso não é eterno. Se a representada perceber que o representante está fazendo um trabalho ruim ou insatisfatório, ela poderá, a qualquer momento, *rescindir* o contrato nos termos da lei e fazer novas contratações para a região em questão. Ou, ainda, conversar com esse representante, explicando-lhe a situação, e propor uma *alteração* contratual autorizando a entrada de outro representante na região.

a) De um lado, o **representante** precisa se proteger contra práticas predatórias por parte de algumas más empresas.
b) Por outro lado, a **empresa** precisa se proteger contra o comodismo, contra a zona de conforto de alguns maus e contaminados representantes ("representossauros").

4. AS TABELAS DE PREÇOS PODEM VARIAR DE ACORDO COM A REGIÃO, OU DEVEM SER IGUAIS PARA TODOS OS REPRESENTANTES?

O recomendável é que todos pratiquem os mesmos preços para facilitar a gestão comercial, e que todos vendam com lucro, pois a empresa não vive de vendas, e sim de ganhos.

Mas, dependendo da estratégia comercial adotada e das margens de lucro, é perfeitamente possível determinar preços de vendas distintos para cada região. A lei permite essa diferença de preços, por exemplo, com uma tabela para o Acre e outra para São Paulo.

5. É POSSÍVEL FAZER NEGÓCIOS DIRETAMENTE COM O CLIENTE, "PULANDO" O REPRESENTANTE?

Sim, perfeitamente, mas isso não exime a representada do pagamento de comissões ao representante. Mesmo que ele não tenha participado de nenhuma etapa do processo, terá direito à comissão integral, pelo fato de o cliente estar na região dele – ou seja, ganhará sem ter trabalhado.

Por isso:

- Pense bem antes de estabelecer uma região.
- Caso haja exceções na região, coloque-as em contrato.
- Se o desempenho do representante estiver abaixo do desejado, rescinda o contrato e troque-o.
- Jamais a representada deve ficar refém de um representante. O mercado é grande!
- Jamais o representante deve ficar refém de uma representada. O mercado é grande!

6

E AS COMISSÕES...

1. PRODUTO COM DEFEITO, E O CLIENTE NÃO PAGOU! COMO FICA A COMISSÃO?

O representante terá direito a receber a comissão no prazo que a lei estipula nesses casos.

A responsabilidade pela qualidade do produto é do fabricante e não do representante. Lembre-se: o representante apenas representa a empresa e entrega os pedidos que conseguiu fechar.

A qualidade e a garantia fazem parte do risco do negócio da representada.

2. É NECESSÁRIO UM DEMONSTRATIVO, OU BASTA DEPOSITAR A COMISSÃO E GUARDAR O COMPROVANTE?

É *obrigatório* o uso de demonstrativos de pagamentos, com a especificação do que está sendo pago, segundo o art. 27, alínea "i", da Lei de Representação Comercial.

Outra coisa muito importante: as comissões devidas ao representante comercial devem ser calculadas pelo valor total das mercadorias, de acordo com o art. 32 do parágrafo 4 da mesma lei.

3. O PRAZO PARA O PAGAMENTO DAS COMISSÕES AO REPRESENTANTE

Atenção! De acordo com a legislação, o pagamento pode ser feito obrigatoriamente até o 15° dia do mês seguinte ao da liquidação da fatura subseqüente ao mês do recebimento (art. 32, §1, e 33, §2). Exemplo:

OUTUBRO	NOVEMBRO	DEZEMBRO
1 30	1 31	1 15 30
Período de vendas	Recebimento das faturas	Prazo máximo para o pagamento do representantes
Representante vendeu	Empresa recebeu	Representante recebe

Geralmente os representantes contestam esse prazo, porque têm uma visão imediatista do resultado. Nos dois primeiros meses pode atrapalhá-los a falta de comissão, mas depois o fluxo se normaliza.

Caso a venda tenha sido paga para a empresa no mesmo mês em que foi efetuada, o representante terá direito a receber a comissão até o dia 15 do próximo mês.

EXEMPLO	
1	2
• Venda em 20/10 • Cliente pagou em 20/11 • A empresa poderá pagar a comissão até 15/12	• Venda em 20/10 • Cliente pagou em 20/10 • A empresa poderá pagar a comissão até 15/11

4. ATRASO OU ANTECIPAÇÃO DAS COMISSÕES

Antecipar sim, afinal, quem não gosta de receber o mais rápido possível (principalmente representantes)? Não conheço nenhum representante que tenha ido à Justiça porque recebeu adiantado.

O problema é que, se o comprador devolver a mercadoria ou não pagar à empresa, essa comissão *não* poderá ser estornada do representante. Por isso é mais seguro fazer o pagamento no prazo combinado.

Mas tente não atrasar, pois isso implica correção monetária. A lei, em seu art. 32, §2, prescreve que, na hipótese de as comissões devidas não serem pagas dentro do prazo fixado, o representante tem o direito de receber as comissões em atraso corrigidas monetariamente. Recomenda-se também a inclusão de uma multa que deve ser prevista em contrato.

5. O REPRESENTANTE TEM DIREITO À COMISSÃO QUANDO ELE VENDE E A EMPRESA NÃO RECEBE?

Esse é um caso polêmico e gera controvérsias, mas o fato é que o representante tem direito à comissão, sim.

A Justiça entende que faz parte do "risco do negócio" da representada o não-recebimento. Uma vez aceito o pedido, o representante não terá culpa alguma. Por isso é importante efetuar a análise de crédito.

Ainda sobre este assunto, caso a empresa representada tenha pago a comissão antecipadamente ao representante, ela não tem o direito de estornar essa comissão de vendas futuras. Cada venda realizada deve ser tratada isoladamente para efeito de recebimento e pagamento. E a responsabilidade pela cobrança é sempre da empresa representada.

Observação: Caso não estejam previstos em contrato os prazos para recusa das propostas ou dos pedidos entregues, fica o representado obrigado a pagar as respectivas comissões ou a manifestar a recusa por escrito.

6. A IMPORTÂNCIA DA ANÁLISE DE CRÉDITO ANTES DE ACEITAR A VENDA

A análise de crédito é fundamental para o bom andamento dos negócios e, quando realizada de maneira correta, pode evitar uma série de desgastes e problemas para a representada e para o representante.

O pessoal de vendas geralmente não gosta de efetuá-la porque ela pode "derrubar" algumas vendas, mas é necessário entender que a empresa não vive de vendas, e sim de lucro, e que este só será alcançado se o cliente tiver condições de pagar.

Hoje o acesso a esse tipo de informação é muito amplo e fácil; qualquer empresa, por menor que seja, pode ter um rápido sistema de consulta e análise de créditos.

A representada tem pleno direito de recusar a venda se, pelas análises, entender que há risco de não-recebimento.

7. O PERIGO DA ESCALA DE COMISSÕES PARA MOTIVAR (QUANTO MAIS O REPRESENTANTE VENDER, MAIOR A COMISSÃO)

EXEMPLO	
VENDAS	COMISSÃO
DE 75.000 A 100.000	10%
DE 50.000 A 74.999	8%
DE 25.000 A 49.999	6%
ATÉ 25.000	4%

Esse é um artifício muito utilizado pelos gerentes para aumentar a motivação das equipes de vendas.

É como se a empresa dissesse: "Se você vender mais, será *premiado* com uma comissão maior". O problema é que futuramente o representante que age de má-fé poderá entrar na Justiça querendo receber a diferença de todas as suas vendas pela taxa maior, alegando que, quando ele alcançava determinada meta, a empresa dizia: "Se você vender pouco, será *punido* com uma comissão menor".

De acordo com a jurisprudência existente nesses casos, se ele pleitear na Justiça, receberá pelo valor maior. No nosso exemplo, 10% sobre todas as vendas feitas desde o primeiro mês da vigência do contrato!

JURISPRUDÊNCIA

Quando não há lei específica, verifica-se como outros casos foram resolvidos, servindo assim para interpretações – mas de todo modo não é lei.

8. A COMISSÃO PODE SER REDUZIDA DE ACORDO COM A NECESSIDADE IMPOSTA PELO MERCADO?

Não, por isso todo cuidado é pouco na hora de estabelecer a taxa de comissão.

Às vezes, no decorrer da luta pela sobrevivência no mercado, a empresa acaba lançando mão de uma promoção, quando, por exemplo, está passando por dificuldades financeiras ou por qualquer outro motivo. Mas, mesmo assim, a comissão não pode ser reduzida.

A única chance de isso acontecer é por meio de um acordo seguido de uma *cuidadosa* alteração contratual. Mas, se puder, evite, pois houve casos em que o representante aceitou a redução da comissão e no momento da rescisão reclamou a diferença e ganhou a causa com a alegação de ter sido obrigado a assinar o novo contrato (hipossuficiente).

A lei sempre entenderá que o representante tem menor poder de barganha que a representada.

9. A EMPRESA PODE RECUSAR O PEDIDO E NÃO PAGAR A COMISSÃO AO REPRESENTANTE PELA VENDA?

Pode, quando o cliente for *insolvente*, ou seja, quando a representada, após efetuar a análise de crédito, considerar o cliente inapto a comprar (sem crédito na praça). Neste caso, a empresa representada poderá não aceitar ou cancelar o pedido.

Mas, se aceitar assumir o risco, o problema e a responsabilidade serão unicamente da empresa, que será obrigada a pagar a comissão ao representante, mesmo que o cliente não realize o pagamento.

10. PODE-SE ESTORNAR A COMISSÃO DO REPRESENTANTE?

Não. Isso faz parte do risco do negócio, e a jurisprudência entende que o risco deve ser da representada, por julgar que ela é mais "forte" que o representante.

Se houver prejuízos com fretes e impostos, estes *jamais* poderão ser repassados e descontados do representante. Por isso, recomenda-se uma análise rigorosa da qualidade da venda antes de aceitar o pedido. Pior do que não vender é vender e cancelar depois.

DICA 1

Existe uma particularidade nesse assunto. Se a desistência ou a devolução da mercadoria ocorrerem por culpa do representante, por exemplo, por ele ter mentido, omitido, vendido errado, agido de má-fé, caberá à empresa o direito de aplicar-lhe uma multa (por isso o contrato deve ser bem elaborado). Para pequenos erros, pequenas multas, e para grandes erros, grandes multas.

Caracterizado o ato de desonestidade e má-fé do representante, a empresa pode até cancelar o contrato por justa causa, sem ter de pagar a indenização.

DICA 2

Não é recomendável vender à vista, porque, se a empresa receber, terá de repassar a comissão ao representante, mesmo se ela reembolsar o cliente com o valor pago em função da devolução da mercadoria.

Entende-se que isso é um risco do negócio que a representada deve correr. Portanto, uma vez que a empresa representada recebeu, ela é obrigada a pagar ao representante até o dia 15 do mês seguinte.

11. TODOS OS REPRESENTANTES DEVEM GANHAR A MESMA COMISSÃO?

Não, senão se constituirá um caso de equiparação salarial, e o representante não é funcionário. O fabricante/distribuidor ou representada tem o direito de negociar taxas de comissões com seus representantes individualmente no momento da contratação.

Mesmo que um representante venha a saber que outro recebe uma comissão maior, isso *não* dá a ele o direito de reivindicar a mesma comissão.

DICA

É aconselhável praticar a mesma comissão para todos os representantes, pois as diferenças dão margens a comentários negativos, maliciosos e tendenciosos, além de ser um fator desmotivador para aquele que estiver recebendo menos. Caso a diferença seja necessária, é bom o gerente ter uma justificativa apropriada.

7

OITO PONTOS QUE CAUSAM GRANDES CONFUSÕES

1. A responsabilidade pelo pagamento e pela cobrança é do representante.

Verdadeiro ( ) Falso ( )

A responsabilidade pelo recebimento e pela cobrança é da representada.

Caso a empresa obrigue o seu representante a receber, terá de pagar o que se chama de "atividades extras", se não quiser ter problemas futuros! Pois, como já vimos, a obrigatoriedade gera subordinação, o que caracteriza o vínculo empregatício.
A Lei da Representação Comercial entende que todas as funções posteriores ao ato da venda - entrega, transporte, cobrança, assistência técnica etc. - são de responsabilidade da *representada.*

2. Novos clientes conquistados pelo representante são da empresa.

Verdadeiro ( ) Falso ( )

De acordo com o moderno discurso de vendas, são da responsabilidade dos dois, pois ambos dependem do cliente, e este também depende dos dois para a realização de negócios com qualidade. Juridicamente, porém, os clientes pertencem à *empresa representada*, por isso o representante tem direito à indenização no momento da rescisão do contrato.

Conquistar novos clientes, abrir novas frentes de negócio faz parte do trabalho do representante. Ele é pago para isso.

3. O representante é *obrigado* a fornecer a carteira de clientes e todos os dados cadastrais à representada, quando solicitado.

Verdadeiro ( ) Falso ( )

A Lei de Representação Comercial é clara e *obriga* o representante a fornecer todos os dados sobre os clientes à empresa, quando solicitado.

A não-informação ou o fornecimento de dados errados e incompletos podem resultar na quebra de contrato, por justa causa, portanto sem direito à rescisão.

Essa é uma boa cláusula para incluir no contrato. O que é combinado não é caro!

4. O fabricante/distribuidor pode vender diretamente a carteira do representante, quando o próprio cliente solicitar.

Verdadeiro ( ) Falso ( )

Sim, sem problema, no entanto terá de pagar todas as comissões referentes à transação ao representante, mesmo sem ele ter feito nada. A exclusividade na região garante isso a ele.

Se, de um lado, a lei obriga o representante a repassar todas as informações solicitadas, do outro ela obriga a empresa a agir com ética, respeitando a área de atuação (região) e a carteira de clientes dos seus representantes.

Caso o fabricante não esteja satisfeito com os serviços prestados pelo representante comercial, deverá procurá-lo para tentar resolver a questão; se não se chegar a um consenso, deverá rescindir o contrato nos termos da lei e só então nomear outro representante, ou implantar um esquema de vendas diretas.

DICA

Quando acontecer de o cliente ligar diretamente para a empresa e realizar a comprar, alegando que faz tempo que o representante não passa por lá ou não consegue falar com ele, está na hora de você agendar aquela reunião de vendas...

Cuidado, o mercado está muito competitivo! Se o seu representante não está visitando os clientes, o representante do seu concorrente pode estar!

DICA

Enxugue a carteira de clientes do seu representante. Não adianta deixá-lo com duzentos clientes, ele não conseguirá atender a todos.

5. O representante pode comprar e revender o produto.

Verdadeiro ( ) Falso ( )

Não. A representação comercial nada mais é do que a terceirização da força de vendas. A lei entende e deixa claro que quem compra e revende não é representante, é distribuidor.

6. O fabricante/distribuidor pode parar de comercializar um produto.

Verdadeiro ( ) Falso ( )

Sim, ninguém está obrigado a comercializar um produto por toda a vida. O mercado muda e a empresa precisa se adaptar às mudanças, mas lembre-se de que:

Se o ganho do representante comercial cair em função de ele não ter mais o produto para ser comercializado, poderá ser rescindido o contrato.

Muita atenção! A lei diz que, em virtude de tal decisão estratégica, a representada deve dar ao representante condições adequadas de ganhos, que não podem ser menores do que os concernentes aos últimos seis meses, por *qualquer* que seja o motivo.

7. E quanto aos "serviços extras"? Não há problema em pedir um favor ao representante.

Verdadeiro ( ) Falso ( )

A lei não reconhece "favorzinho", ou "quebra-galhos"; tudo é considerado como serviço extra.

Tudo que a empresa representada peça para o representante comercial fazer, até mesmo pequenos favores – como pesquisa de preços, retirada ou entrega de um produto, cobranças, ou qualquer coisa que fuja ao ato de representação –, deve ser remunerado, para evitar problemas futuros, como a caracterização de subordinação.

O não-pagamento desses serviços poderá causar futuros problemas, pois o representante poderá alegar que era obrigado a fazer tais serviços, que fugiam ao escopo de sua função inicial.

Trata-se de uma lei que está ultrapassada na prática, já que, no mundo dos negócios atual, a representada e o representante têm de se desdobrar se quiserem vencer, e muitas vezes isso exige atividades extras do representante.

Certa ou errada, porém, essa é a lei e deve-se tomar cuidado enquanto ela não muda.

8. A empresa pode formalizar avisos importantes por meio de comunicação por fax.

Verdadeiro ( ) Falso ( )

Falso. Basicamente, pode-se comprovar juridicamente uma notificação ou um aviso de duas formas:

- Através do tradicional Aviso de Recebimento dos Correios, conhecido como AR.
- Através de e-mail certificado.

No site www.comprova.com.br, consegue-se uma certificação que tem valor jurídico, pois essa empresa possui um convênio com o Observatório Nacional que valida a hora do recebimento oficialmente.

8

COMO LIDERAR E CONSEGUIR O MÁXIMO DELES (dentro da lei)

1. COMO GERENCIAR E SOLICITAR RELATÓRIOS DE VENDAS SEM GERAR SUBORDINAÇÃO

Podem-se solicitar relatórios aos representantes, mas *nunca exigir* e cobrar formatos, prazos etc. Quem tem obrigação de fornecer relatórios é o vendedor registrado. Nunca se esqueça: a lei entende que o representante é um vendedor terceirizado e autônomo, que não necessita cumprir horário e outras solicitações comuns. Ele é livre para fazer o que quiser em relação à sua rotina de trabalho.

OBSERVAÇÃO
O mesmo vale para as metas de vendas: se a empresa representada cobrar metas de vendas com pressão e firmeza, poderá facilmente caracterizar a existência de vínculo empregatício.

Meu conselho aos jovens gerentes de vendas e empresários é: mantenha uma relação de máximo respeito, confiança e comprometimento com o time de representantes. Quanto melhor for o clima de vendas, mais fácil será conduzir os representantes ao rumo desejado.

O representante deve ser maduro e profissional o suficiente para entender que um relatório de vendas só ajuda a empresa a crescer e, se isso acontecer, ele crescerá junto.

Quanto às metas, não dá para ter representantes que não estejam comprometidos por conta própria com elas. Gente acomodada não tem mais espaço no mundo das vendas. E nesse processo o líder de vendas é a figura mais importante, pois não há equipe de vendas forte com uma liderança fraca.

A empresa deve dar todo o apoio necessário ao representante que está no campo de batalhas, tentando vender. É bem verdade que existe um monte de empresas que já fecharam moralmente, só resta baixar as portas!

2. O QUE DEVE SER ANALISADO PARA A TOMADA DE DECISÃO

Quanto maior for o valor da venda, mais rigorosa deverá ser a análise de crédito. A verificação nas cinco fontes abaixo proporcionará muitas informações sobre a situação financeira do cliente para a tomada de decisão correta.

- Composição dos sócios;
- Ações contra pessoas jurídicas;
- Ações contra pessoas físicas;
- Protestos;
- Inscrições junto aos cadastros de inadimplentes.

A existência de qualquer informação que ponha em dúvida a capacidade de pagamento do cliente deve ser encarada com atenção, pois pode significar futuros problemas. E mesmo após todas as verificações, a empresa representada ainda poderá ter surpresas, mas, como o risco faz parte do negócio, deve-se procurar minimizá-lo.

3. COMO COBRAR RESULTADOS

Domine suas estratégias antes de terceirizar as vendas. Vejo muitos empresários dando o passo maior do que a perna, com a ambição exagerada de crescer. Mal estão atendendo bem a seus atuais clientes – e lucrando com isso – e já querem novos clientes...

Não vale a pena terceirizar algo que a empresa ainda não sabe bem como funciona, porque ela terá que aprender simultaneamente, e em geral o aprendizado é caro.

Ter autoridade para lidar com os representantes e cobrar deles é fundamental, e exige bastante jogo de cintura e experiência, para não haver excessos. Eis algumas dicas práticas:

1. Crie medidas para avaliar os representantes. Saiba exatamente onde está pisando e esclareça com cuidado o que você quer e como seus objetivos serão considerados. Existem diversas maneiras de avaliar representantes de vendas. As mais comuns são aquelas relativas a tempo (disponibilidade do serviço, rapidez no atendimento, índices de vendas, quantidade de visitas etc.).

2. Transmita com clareza o que deseja e divida o seu sucesso com todos. Conheça os problemas pessoais, os valores e as limitações de cada um dos representantes, bem como seus sonhos e aspirações. Questione, apóie e compartilhe as decisões deles, não há nada melhor do que o olho no olho. O que determina o sucesso ou fracasso da equipe é a postura do líder.

3. Crie uma estrutura de incentivos, remuneração, benefícios, prêmios que estimule o representante e reforce a possibilidade de cobrar um desempenho adequado. *Desafie, oriente e comemore!* Mas nunca em caráter de imposição, sempre em forma de convite.

4. Elabore uma estrutura de avaliação que possibilite verificar o desempenho e identificar necessidades.

4. A LIDERANÇA QUE OS REPRESENTANTES RESPEITAM

Representantes de vendas geralmente são vendedores experientes, que já viram muitas coisas e estão cansados de conversa fiada.

O gerente de vendas que o representante respeita de verdade deve:

1º **Liderar pelo exemplo**: Isto é, visitar clientes, se expor, sair de trás da mesa e fazer acontecer. O representante não faz o que ouve, e sim o que vê.

2º **Motivar**: Vender não é fácil, é preciso estar motivado todos os dias. Os representantes adoram um gerente motivado, que eleve sua moral!

3º **Inspirar crescimento**: Não é só você que quer crescer profissionalmente e ganhar mais dinheiro, o representante também quer. O bom gerente é aquele que cria desejos e possibilidades reais em seus representantes, dando-lhes um forte senso de direção.

9

SETE ARMADILHAS QUE PODEM FACILMENTE GERAR AÇÕES TRABALHISTAS

1. O USO DO CARTÃO DE VISITAS COM O LOGOTIPO DO FABRICANTE

O representante pode usar cartão de visita, com o logotipo do fabricante? Sim, mas desde que também conste no cartão o logotipo dele em tamanho maior e mais destacado do que o do fabricante, ficando claro que ele é o representante da marca. É aconselhável incluir "Representante da marca X", ou algo parecido.

2. O FORNECIMENTO DO CARTÃO DE VISITAS PARA O REPRESENTANTE

O fornecimento desse tipo de material pode ser feito na condição de material de apoio, mas em hipótese alguma a representada pode exigir que o representante o use no dia-a-dia.

Deve-se também tomar as precauções citadas no item anterior.

3. O USO DO CRACHÁ DE IDENTIFICAÇÃO

Mesmo que no crachá conste a identificação "representante comercial", seu uso constitui prova importante para a caracterização do vínculo empregatício, por isso deve ser evitado. O único crachá que o representante pode usar é o de visitante, ao entrar nas dependências da empresa; isso não causará problemas.

4. E-MAIL DA EMPRESA

(nomedorepresentante@nomedaempresa.com.br)

O representante pode ter um endereço eletrônico em que conste o nome da empresa?

Absolutamente *não*! Trata-se de um erro bastante comum hoje em dia, devido à facilidade de abrir uma nova conta de e-mail e à necessidade cada vez maior de uma comunicação eficaz.

O representante comercial deve ter e-mail próprio, em que utilize seu próprio domínio, ou qualquer provedor de sua preferência.

5. OBRIGATORIEDADE DE COMPARECER A CONVENÇÕES E TREINAMENTOS DE VENDAS

Então a empresa representada não pode realizar convenções e treinamentos de vendas para seus representantes?

Pode e deve, pois, em se tratando de um cenário altamente competitivo, é fundamental ter uma força de vendas treinada para vender – e vender sem descontos.

O que a empresa representada não pode fazer jamais é convocar, exigir que os representantes compareçam ao evento, por mais caro e importante que ele seja. A representada deve apenas *convidar*, deixando a escolha de participar ou não a critério do representante.

É óbvio que, se o evento – treinamento, convenção, feira etc. – for de qualidade, o representante inteligente comparecerá a ele.

6. O USO DAS DEPENDÊNCIAS E DA ESTRUTURA COMERCIAL DA REPRESENTADA

O uso contínuo das dependências e da estrutura comercial da representada (fax, computadores, telefones, estacionamento, sala de reuniões, assistentes etc.) e a presença diária do representante nas instalações da empresa podem ser facilmente provados e caracterizam de imediato vínculo empregatício, obrigando a representada a assumir todos os encargos sociais e trabalhistas como se ele fosse um vendedor registrado pela CLT.

7. O CUMPRIMENTO DE HORÁRIOS E DE NÚMEROS DE VISITAS

O representante comercial é uma figura totalmente independente no que diz respeito à administração do seu tempo. Ele tem total autonomia e liberdade para fazer o que quiser, e é por isso que não usufrui os mesmos benefícios que um vendedor registrado.

A agenda e o número de visitas que o representante faz por dia, assim como os horários e sua pontualidade, são de total responsabilidade dele.

10

CUIDADOS!

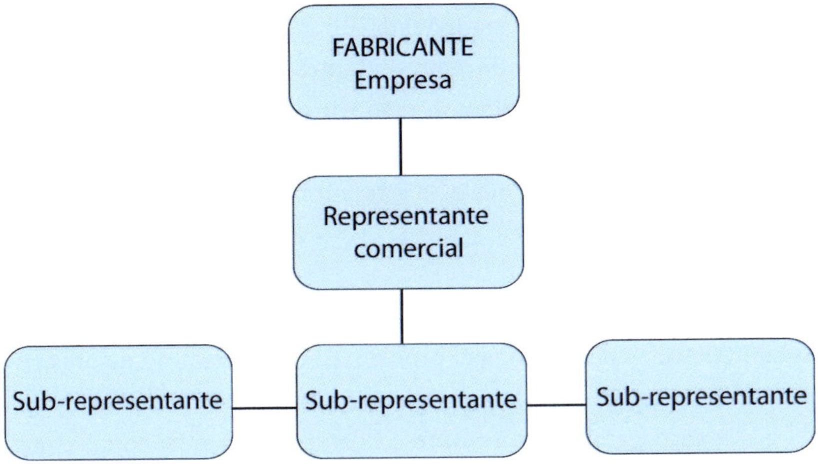

Em primeiro lugar, evite chamar o profissional de preposto, porque juridicamente isso já dá abertura para uma ação trabalhista. O melhor é chamá-lo de sub-representante.

O sub-representante deve firmar um contrato muito bem redigido com o representante comercial, pois, caso contrário, este poderá acioná-lo juridicamente, com a alegação de que trabalhava diretamente para a representada.

Empresas sérias e precavidas exigem de seus representantes uma cópia dos contratos que eles mantêm com seus sub-representantes devidamente registrados nos órgãos competentes.

2. O QUE CARACTERIZA A SUBORDINAÇÃO E O PASSIVO TRABALHISTA

- Direcionamento do trabalho pela empresa representada;
- Forma de remuneração inadequada;
- Ausência de autonomia do representante;
- Cobrança de horários, clientes, relatórios e afins;
- Fiscalização e cobrança de metas;
- Uso regular das instalações e da estrutura da empresa, como mencionado no Capítulo 9.

Atenção! Normalmente, o entendimento dos tribunais sobre este assunto detecta como principal problema a caracterização de uma relação de emprego, e não de uma relação autônoma de trabalho.

Nesse caso, geralmente a empresa é condenada a arcar com o pagamento de verbas trabalhistas (CLT) correspondentes a todo o período, e não mais o que prescreve a Lei nº 4.886/65.

Se isso acontecer, a empresa representada terá de pagar toda a rescisão como se o representante fosse um vendedor registrado, ainda que no período em questão ela não tenha desfrutado do poder de exigir dele as mesmas coisas que exigiria de um empregado.

3. EVITE SUBORDINAÇÃO E PREVINA-SE CONTRA AÇÕES TRABALHISTAS

- Siga os requisitos da Lei nº 4.886/65.

- Não dê ordens, o que inclui não cobrar metas, lista de clientes, obrigatoriedade do comparecimento à empresa, riscos da atividade, roteiro de visitas, controle de horário, cobrança de resultados, entre outros.

- Nunca convoque, sempre convide.

- Busque referências no mercado sobre o caráter do representante e sua conduta ética profissional.

- Elabore um contrato muito bem-feito, em que estejam previstas todas as situações passíveis de conflitos.

Bônus

TREINAMENTO DE VENDAS E MOTIVAÇÃO PARA REPRESENTANTES

Bom dia, Frazão, tudo bem??

Bem, temos perto de doze representantes espalhados pelo Brasil.

O treinamento acontece somente nas convenções de venda (uma vez ao ano), portanto não há cultura de verba para treinamento. Os projetos são tratados caso a caso com a Diretoria (proprietário) e aprovados ou não, dependendo dos argumentos apresentados.

Gostaria então de saber: como treinar esses representantes à distância?

Esse é o e-mail de um cliente que deseja garantir continuamente o treinamento de seus representantes, pois entende a importância disso para as vendas da empresa.

O homem necessita renovar seus conhecimentos, trocar e compartilhar idéias o tempo todo. E exercícios mentais de reciclagem e aprendizagem constante são essenciais, especialmente no ambiente corporativo.

Hoje, a equipe comercial tem de ser boa, forte, treinada e preparada para poder vender, e sem descontos, de modo que o representante tenha algo mais a oferecer para conquistar o cliente, além de prazo e desconto.

O investimento em educação à distância no Brasil ainda é pequeno, porém, aos poucos, começa a conquistar um número considerável de empresas. Entretanto, desenvolver uma modalidade de treinamento e capacitação de representantes à distância é benéfico, por um lado, mas, por outro, obriga as empresas a mergulhar num processo de globalização e inovação não só de equipamentos, como da cultura geral como um todo.

As mudanças são sempre traumáticas, e o processo para implementá-las, lento. Não se trata apenas de uma questão de compra de equipamentos, mas também de como tudo será incorporado efetivamente ao ambiente de trabalho. Uma coisa é certa: não há outro caminho a não ser treinar, treinar, treinar e treinar a equipe. Bem-vindo ao trabalho!

Não se desespere, pode ser mais simples do que você imagina; é só você estar realmente disposto a isso.

Com base em minha experiência como gerente de vendas, palestrante e treinador de representantes ao longo de muitos anos, elaborei uma série de caminhos eficazes e baratos para capacitar uma força de vendas até mesmo em outros estados. O sucesso dos treinamentos dependerá do foco e da persistência até se criar o hábito.

Estão certas as empresas que não investem em treinamento com medo de os representantes passarem para a concorrência. Essas empresas e seus representantes, juntos, como dois idiotas fracassados, ficam a ver as vendas minguarem até baixarem as portas.

Só existe uma coisa mais cara do que treinar representantes de vendas: não treinar!

2. OPÇÕES DE TREINAMENTOS DE VENDAS PARA REPRESENTANTES

a) **Oferecer literatura para aprendizado**. Você pode assinar revistas para seus representantes, ou pedir-lhes que assinem, além de indicar livros, sites que oferecem artigos gratuitos, DVD etc. Porém, um aviso: não adianta comprar dez livros e esperar, sem fazer nenhuma solicitação específica aos representantes em relação à leitura desse material. Faça o seguinte: indique, uns dias antes, a leitura de determinado capítulo ou tópico aos seus representantes e diga que o treinamento será um debate sobre o assunto nele abordado. Convide todos a participar para enriquecer o conhecimento e, conseqüentemente, realizar melhores vendas.

b) **A Internet** é um bom caminho para o treinamento à distância, por ser barata e de fácil acesso. Se a empresa desejar uma conexão segura, mais sofisticada, de conferência, poderá usar sistemas como:

- Reuniões por videoconferência;
- Treinamentos à distância via web;
- Sistemas integrados on-line;
- Controle operacional on-line;
- Geração de relatórios em arquivos comuns pela rede;
- Grupos de discussão e trabalho em ambientes colaborativos virtuais;
- Jornal on-line;
- Telefones inteligentes;
- Videofones, entre outras possibilidades.

Ao desenvolver ações em treinamentos à distância, a empresa contribui para promover a inovação e a excelência em benefícios, com economia com despesas de viagens e estadas e eventual aumento nas vendas, com a redução do tempo de treinamento para os vendedores.

A seguir, alguns modos de otimizar a performance empresarial e a comunicação e treinar seus representantes. Tente fazer um treinamento periódico, ao menos uma vez por semana.

E-MAIL

Através de e-mail pode-se enviar vídeos, slides de PowerPoint, planilhas, textos motivacionais e muito mais.

CHAT

Chat é um serviço gratuito oferecido na Internet em que um usuário pode conversar com várias pessoas ao mesmo tempo. Os canais de *chat*, também chamados de salas, são divididos geralmente de acordo com o assunto, e os usuários, se desejarem, podem se dirigir a uma sala reservada. Não é necessário nenhum software especial, apenas o mesmo navegador.

Tenho um cliente que combina com seus representantes um horário e eles entram nas salas de bate-papo todos ao mesmo tempo. O treinamento é bem-humorado, informal e praticamente a custo zero.

ICQ – MSN MESSENGER – SKYPE

São softwares de comunicação com um grande número de recursos, como localizar pessoas conectadas ou não; visualizar instantaneamente os usuários; transferir arquivos; mandar mensagens rápidas instantâneas; convocar uma conferência entre contatos. Se estiverem conectados a uma *webcam* e microfone, os usuários poderão conversar em tempo real.

A desvantagem é que somente sistemas semelhantes se comunicam, pelo menos por enquanto. A vantagem: o custo é baixíssimo.

WEBLOG

É um serviço gratuito. A maioria das pessoas utiliza os *blogs* como diários pessoais, porém eles podem ter qualquer tipo de conteúdo e ser empregados para diversos fins. Uma das vantagens dessa ferramenta é que permite aos usuários publicar seu conteúdo sem a necessidade de saber como são construídas as páginas na Internet, ou seja, sem conhecimento técnico especializado.

Sua empresa pode publicar notícias, tópicos para discussão, sugestões etc.

WEBCONFERÊNCIA

É uma solução barata e eficaz para a comunicação corporativa, uma ferramenta de grande potencial para treinamento à distância.

Reuniões de negócio podem ser realizadas de forma muito mais rápida, eficaz e econômica.

Para usá-la não é preciso baixar nenhum programa específico. Basta utilizar um navegador e tecnologias com o apoio de áudio e vídeo, para promover a interação. As pessoas que usam a webconferência precisam estar no mesmo sistema, pois ainda não há conectividade entre fabricantes diferentes.

VIDEOCONFERÊNCIAS

Trata-se de qualquer atividade de comunicação que envolva imagens de vídeo ao vivo transmitidas de um local para outro. Em quase todas as aplicações, inclui a transmissão de áudio e de dados. A videoconferência possibilita a conversa em duas vias, em tempo real, e permite que as pessoas se vejam e se ouçam simultaneamente.

Por se tratar de um sistema interativo de comunicação em áudio e vídeo, a videoconferência destaca-se dos demais tipos de mídia, ao conseguir criar condições virtuais mais próximas da realidade de uma sala de aula presencial.

Em sistemas gratuitos ou mesmo pagos para o grande público, o acesso pode ser limitado, geralmente a dez usuários simultâneos.

Outro fator importante a ser considerado é a qualidade, principalmente de vídeo, de tais conferências. Vale lembrar que a qualidade dos sistemas para o público geral costuma ser mais rudimentar.

Existem empresas especializadas, mas as boas videoconferências não são baratas.

TELECONFERÊNCIA

A teleconferência se assemelharia mais a um programa de televisão.

É um avançado recurso de áudio, que permite ao interlocutor interagir naturalmente com os ouvintes, a partir de um ponto remoto, como se eles estivessem na mesma sala. Essa característica possibilita falar e ouvir simultaneamente com clareza, propiciando uma conversação fluente.

AUDIOCONFERÊNCIA

É o conjunto de tecnologias que possibilita a interação de pessoas alocadas em diferentes espaços, por meio dos canais de comunicação disponibilizados por operadoras de telefonia fixa ou por provedores especializados, que alugam linhas e montam soluções de conferências.

Coordenada por meio de salas virtuais, permite a interação entre um número determinado de participantes. Para cada sala ativada, há acesso de áudio e texto por meio de *chat* em tempo real.

O acesso à audioconferência é simples: basta acessar um *link* na web em horário predefinido pelo moderador da sala. Nela são realizadas atividades síncronas, o que apresenta vantagens para a interação humana, pois permite o contato de vários participantes em um mesmo ambiente, ao mesmo tempo.

Uma das maiores vantagens da audioconferência, comparada a outras ferramentas similares, é a exigência de poucos requisitos para seu acesso. São basicamente necessários: um computador com algumas configurações mínimas, caixa de som, microfone ou *headphone* e conexão com a Internet, mesmo com linha discada.

A realização do curso pode ocorrer em qualquer ambiente que possua os requisitos de infra-estrutura tecnológica descritos, tanto no local de trabalho como em casa.

As formas de interação entre os indivíduos podem se dar basicamente por meio de três canais disponíveis:

- O canal de áudio, pelo qual o participante pode ouvir e interagir com o instrutor do evento (curso, palestra, reunião, entre outros) e com os outros participantes;

• O canal de texto, por meio de um *chat* agregado à sala virtual, no qual os participantes podem contribuir com complementos, perguntas, colocações, opiniões, sem atrapalhar quem está falando no momento;

• O canal de visualização de um aplicativo da ferramenta, que permite ao instrutor apresentar aos demais participantes arquivos disponibilizados na Internet que proporcionam um complemento à fala do condutor da audioconferência.

Os três canais podem ser utilizados simultaneamente, ou seja, o moderador da sala pode apresentar um arquivo de texto, enquanto discorre sobre o assunto, e os demais participantes contribuem por meio do *chat*, registrando suas colocações e sanando dúvidas. Essa interação entre os participantes também pode ocorrer via canal de voz, podendo manifestar-se um de cada vez.

POR TELEFONE

Particularmente, já dei vários treinamentos de vendas por telefone. Hoje os recursos de telefonia estão muito avançados, o que permite – a um custo relativamente baixo – falar ao mesmo tempo com vários representantes.

Se você puder mandar a cada um dos participantes um texto com o roteiro e o tema que será discutido, terá um bom resultado.

POR DVDs DE TREINAMENTOS

A vantagem desse tipo de treinamento está no fato de um único DVD poder circular entre todos os representantes de vendas, com um treinamento a um custo muito baixo.

O ponto-chave dessa modalidade de treinamento consiste em controlar exatamente com quem está o DVD.

Elaborado de maneira prática e objetiva, esse kit oferece 52 soluções práticas para treinar a equipe e enlouquecer a concorrência.

Composto por um manual do gerente com perguntas e respostas, um manual do representante para acompanhar tudo à distância, um DVD com as 52 aulas gravadas como se fossem minipalestras e um CD-ROM, com arquivos e ferramentas para serem facilmente enviados por e-mail aos representantes.

Para mais informações, acesse nosso site www.cesarfrazao.com.br, ou pelo telefone (11) 5575-7314.

3. VANTAGENS E DESVANTAGENS DO TREINAMENTO À DISTÂNCIA

Vantagens

- Treinamento simultâneo de um número maior de empregados, no próprio local de trabalho, mesmo que em postos geograficamente dispersos.
- Maior interação social. Em muitas empresas, os representantes se falam apenas uma vez por ano quando se encontram na convenção anual de vendas.
- Maior similaridade com as aulas presenciais a custos baixos.

Desvantagens

- Eficácia menor que a de um curso presencial.
- Dependente da boa vontade dos representantes comerciais. Daí a importância de ter uma equipe madura e comprometida.
- Tendência a cair no descaso se a liderança da empresa não “comprar” a causa.

OBSERVAÇÃO

A educação à distância exige dos alunos disciplina intelectual e uso responsável da liberdade no que se refere ao tempo. Exige também que alguém se responsabilize por tornar amigável e viva a relação entre aluno e software.

4. O CONTEÚDO DE UM TREINAMENTO À DISTÂNCIA OU PRESENCIAL

Seis pontos essenciais

1. **Produtos e serviços.** O representante pode errar em qualquer ponto, menos nas especificações do produto. Ele tem de saber o que está vendendo, tem de conhecer o produto mais do que o cliente conhece.

2. **Novas estratégias comerciais.** Referem-se aos descontos que se pode dar, às melhores formas de pagamento para a empresa, até onde o representante pode chegar, o que irá oferecer. Tudo o que for melhor para a empresa.

3. **Concorrência.** Tópico muito pouco explorado no Brasil. O representante deve saber mais sobre o produto da concorrência do que sobre o seu próprio. Isso lhe confere uma enorme vantagem competitiva, uma vez que o representante vai até o cliente sabendo qual é o ponto forte e o ponto fraco do concorrente. E é nesse ponto fraco que se trabalha a venda.

4. **Metas, objetivos e resultados.** O momento em que o pessoal está junto em treinamento é o ideal para passar as metas da empresa e da equipe e explicar como se dará a cobrança de resultados.

5. **Técnicas de vendas.** O representante tem que estudar técnicas de vendas: abordagens, perguntas, fechamentos de vendas etc.

OBSERVAÇÃO

Existe uma vasta literatura no mercado sobre técnicas de venda. **O livro *Show em vendas*, por exemplo, foi desenvolvido para isso, para mostrar métodos de venda. Se com sua equipe você treinar um capítulo por semana, estará preparando seu vendedor para a prática do dia-a-dia. Mas tem que ser constante.**

5. CINCO MANEIRAS DE MOTIVAR SEUS REPRESENTANTES SEM USAR DINHEIRO

Você pode achar esse subtítulo estranho e até mesmo discordar dele, achando que a única coisa que motiva de verdade os vendedores e representantes é o dinheiro.

Trata-se de uma visão limitada a respeito da motivação. Pude confirmar na prática e posso afirmar que há outras 5 coisas que motivam bastante os representantes rumo ao topo. São elas:

1º **Sonho**: Todos somos movidos por motivações e sonhos próprios. O líder de vendas tem a obrigação de conhecer os sonhos de seu representante, e, se mostrar que está comprometido com a realização desse sonho, seu representante moverá céus e terras a seu favor e renderá muito mais.

2º **Competição**: Um cavalo de corrida nunca dá o máximo de si correndo sozinho na raia; basta colocar outro cavalo na disputa, e ele dará o melhor de si.

Com representantes não é diferente: estimular a competição saudável, por meio de disputas, campeonatos e apostas incendeia qualquer equipe de vendas, desde que conduzida de forma inteligente.

3º **Comemoração**: Desafie, direcione e comemore. É uma pena que muitas empresas ainda não tenham descoberto o poder da comemoração como fonte de motivação para as vendas.

Só quem é vendedor de verdade sabe e conhece a alegria de fechar uma venda. A comemoração é fundamental para reconhecer o objetivo cumprido.

Comemore todas as vendas sempre, por menores que sejam. Só assim você criará sinergia na força de vendas.

4º **Reconhecimento**: Poucas coisas são mais valiosas para o representante do que um elogio sincero na frente de todos, uma medalha pela conquista do primeiro lugar, uma placa com uma bela mensagem, uma carta do diretor ou de alguma personalidade importante.

Certa vez, encontrei um excelente representante no corredor da empresa, a caminho do departamento de RH. Ele comentou que estava saindo da empresa e imediatamente indaguei o porquê. Ele respondeu:

"Trabalho aqui há quatro anos e em todos esses anos de bons serviços prestados, nunca recebi um elogio do meu gerente. Um gerente do concorrente encontrou-se comigo e me elogiou muito, me fazendo sentir bem e valorizado como há muito eu não sentia, então resolvi ir trabalhar para ele."

Não deixe isso acontecer na sua empresa.

5º **Liderança inspiradora**: Os representantes se motivam ao saber e ao sentir que quem está no comando é um líder corajoso, intrépido e confiante, que fará toda a equipe crescer juntamente com ele.

Gerentes fracos, bonzinhos ou carrascos em excesso já não têm mais espaço nas modernas organizações de vendas.

"Um exército de ovelhas liderado por um leão vencerá um exército de leões liderado por uma ovelha." (Ditado árabe)

MENSAGEM FINAL

A você, meu amigo ou minha amiga, que acabou de ler mais este livro de minha autoria, muito obrigado por ter dedicado algumas horas de sua vida a esta leitura. Esse foi um exemplo de humildade e sabedoria.

Procurei neste trabalho transformar em uma linguagem simples e objetiva leis e informações que poderão ajudar tanto as empresas contratantes como os representantes a ter uma jornada mais tranqüila na caminhada da vida.

É preciso entender de uma vez por todas que não existe vencedor e perdedor, administrativo *versus* vendas... Todos precisam se unir, se respeitar, aprender, treinar e vencer juntos!

Vamos pra cima! Uh! Uh!

Boas vendas e sucesso!
César Frazão

CONTATOS

Sobre palestras, treinamentos
e outros livros e produtos do autor,
por favor, acesse os portais:

www.cesarfrazão.com.br
www.patrianieventos.com.br

Fale diretamente com o autor:

cesarfrazao@cesarfrazao.com.br
Tel.: (11) 5575-7314

Para adquirir edições especiais
para sua equipe, contatar:

diretoria@editoralandscape.com.br
www.editoralandscape.com.br
Tel.: (11) 3758-4422